AF607431
AVERSO

CÁLIX

STEFANO CARBONE

Número 31 de la Colección **PERVERSA**

Cálix

Edición al cuidado de Averso Poesía
www.aversopoesia.com

Primera edición: abril de 2024
ISBN: 978-84-10027-28-2
Depósito Legal: GR 522-2024

Impreso en España - *Printed in Spain*

El papel utilizado para la impresión de este libro está calificado como papel ecológico y procede de bosques gestionados de manera sostenible.

PRÓLOGO

Este es un libro herético y al mismo tiempo lleno de fervor.

Lo que podría haber comenzado con intención provocativa o justamente reivindicativa frente a un sistema de poder y creencias que condena o reprime sensaciones y sentimientos, se sublima y encuentra su propio camino en poemas que hablan del amor en casi todas sus formas, de su posibilidad y su imposibilidad, de las renuncias necesarias y a veces obligatorias —de eso intentan convencernos— para que el amor sea un electrodoméstico con garantías y el Dios que nos prometieron un señor muy ocupado al que hay que perdonarle, pobrecito, los olvidos y crueldades.

El propio título es una proclamación de intenciones; esa X, tantas veces utilizada para comercializar el sexo y el deseo, también se puede usar para rescatar su belleza, usted dirá que efímera si la mide con cronómetro, pero que mientras dura parece eterna.

El cáliz es el cuerpo que nos han enseñado a odiar o utilizar como mercancía, el amor mucho más que su concepción romántica o su versión comercial hipotecaria.

Stefano Carbone escribe en estos poemas un credo descreído con el amor como dios y demonio al mismo tiempo, y por eso irresistible.

Como el poeta, en este caso, es también un viajero con nostalgia de cada paisaje en el que despertó, es inevitable que esa visión del deseo y las creencias nos saque de paseo por el libro y nos lleve a visitar distintos escenarios en los que se representa un drama parecido bajo un sol diferente, de esos que uno intuye que en caso de repetirlos se quedarán en tragicomedia o directamente en chiste malo.

Y sin embargo.

Sin embargo, la persistencia de la fe en lo humano y en el amor como un don celestial, un licor volátil con el que intentar llenar en vano ese cáliz que es el cuerpo o la esperanza de un mañana.

Nada perdura, pareciera decir este libro, pero de fondo queda la convicción de que cada vivencia es una vida y cada encuentro una ceremonia pagana humana, y por ambos motivos divina.

Al principio y al final de la vida estamos solos, parece decir el poeta. Por eso nos aferramos a espejismos de compañía, a promesas de humo y verdades de mentira.

Lo que comienza como una burla, termina siendo bellamente triste: por momentos quisiéramos creer en algo cierto, inamovible, infalible, algo o alguien en quien delegar las decisiones, a quien comprarle perdones o alquilarle parcelitas en paraísos de extrarradio.

La propia crucifixión es una metáfora sobre la imposibilidad del abrazo permanente.

Cada cual sacará su propia conclusión.

Cada quien vive el amor como una celebración festiva o un viacrucis. Al abrir los ojos cada mañana ponemos en marcha una resurrección, sin saber para qué o para quién.

Quizás allí está el secreto.
En que no hay ningún secreto.
Solo paisajes, personas, sensaciones, maletas, bienvenidas y decepciones.
En resumen: vida.

Y poesía.

Carlos Salem

PREFAZIONE

Questo è un libro eretico e allo stesso tempo pieno di fervore religioso.

Ciò che poteva cominciare con un'intenzione provocatoria o giustamente rivendicativa di fronte ad un sistema di potere e credenze che condanna o reprime sensazioni e sentimenti, si sublima e incontra il suo proprio cammino in queste poesie che parlano d'amore in quasi tutte le sue forme, della sua possibilità e impossibilità, e della rinuncia necessaria e a volte obbligatoria —o di questo vogliono convincerci— in modo che l'amore sia come un elettrodomestico compreso di garanzia e il Dio che ci promisero un signore molto occupato al quale bisogna perdonargli, poverino, le dimenticanze e la crudeltà.

Lo stesso titolo è una proclamazione d'intenti; quella X, utilizzata tante volte per commercializzare il sesso e il desiderio, si può anche usare per riscattare la bellezza, voi direte quanto effimera se misurata con un cronometro, anche se, finché dura, sembra eterna.

Il calice è il corpo che ci hanno insegnato a odiare o ad utilizzare come mercanzia, l'amore più in là della sua concezione romantica o la sua versione commerciale ipotecaria.

Stefano Carbone descrive in queste poesie un credo non credente sull'amore come se fosse un dio o un demonio allo stesso tempo, e per questo irresistibile.

Siccome il poeta, in questo caso, è anche un viaggiatore con la nostalgia di ogni paesaggio nel quale si è risvegliato, è inevitabile che questa visione del desiderio e delle sue credenze ci portino a passeggio attraverso il libro e ci conducano a visitare scenari diversi nei quali si rappresenta un dramma simile sotto un sole differente. Si intuisce che, se tale dramma dovesse ripetersi, sfocerebbe nella tragicommedia o direttamente in uno scherzo di cattivo gusto.

Eppure.

Eppure troviamo la persistenza della fede nell'umano e nell'amore come un dono celestiale, un liquore volatile con il quale provare a riempire invano quel calice che è il corpo o la speranza nel domani.

Nulla perdura, sembrerebbe confessarci questo libro, però di fondo rimane la convinzione che ogni esperienza è una vita e ogni incontro una cerimonia pagana-umana, e per entrambi i motivi divina. Al principio ed alla fine della nostra esistenza siamo soli, sembra dirci il poeta. Per questo ci afferriamo a miraggi da compagnia, a promesse di fumo e verità di menzogne.

Ciò che comincia come una burla, termina essendo meravigliosamente triste: a momenti vorremmo credere in qualcosa di certo, inamovibile, infallibile, qualcosa o qualcuno a cui delegare le decisioni, o dal quale comprare il perdono o annichilare piccoli angoli di paradiso di periferia.

La stessa crocifissione è una metafora sull'impossibilità di un abbraccio permanente.

Ognuno trarrà la sua conclusione.

Ognuno è libero di vivere l'amore come una celebrazione festiva o una via crucis. All'aprire gli occhi ogni mattina realizziamo una resurrezione, senza sapere perché o per chi.

Forse è questo il segreto.
Ovvero che non c'è alcun segreto.
Solo paesaggi, persone, sensazioni, bagagli, benvenuti e delusioni.
Riassumendo: la vita.

E la poesia.

Carlos Salem

CÁLIX

STEFANO CARBONE

Confesión

Caminar bajo la luz del sol, firme y segura,
renueva en mí el canto.
Aumento el ritmo de nuestro latido,
y saboreo el olor de tu piel de *oltremar*.

Quisiera ser santa en tu cama
y volar entre besos y caricias,
robados en el crepitar de la madera.

Pero las manos hablan por sí solas
y me pierden en un mea culpa de rodillas,
eres un templo en el cual no profeso ninguna fe.

(Soy ateo del amor y devoto de los momentos).

El deseo tartamudea, huérfano de credos infalibles.
Pero nos hemos crucificado el uno al otro,
y el milagro transforma en vino nuestra sangre
una vez más.

La boca sigue rezando, aunque los verbos callen.

Confessione

Camminare sotto la luce del sole, ferma e sicura,
rinnova in me il canto.
Accelero il ritmo del nostro battito,
ed assaporo l'odore della tua pelle d'oltre mare.

Vorrei essere santa nel tuo letto
e volare fra baci e carezze,
rubati nel crepitar del fuoco.

Ma le mani parlano da sole
e mi perdono in un Mea Culpa in ginocchio,
sei un tempio nel quale non professo alcuna fede.

(Sono ateo dell'amore e devoto degli attimi).

Il desiderio balbetta, orfano di credi infallibili.
Ma ci siamo crocifissi l'uno all'altro,
e il miracolo trasforma in vino il nostro sangue
per l'ennesima volta.

La bocca continua a pregare, nonostante il verbo taccia.

I
TALLO / FUSTO

Peccatum meum cognitum tibi feci et delictum meum non abscondi.
Dixi: «*Confitebor adversum me iniquitatem meam Domino*».
Et tu remisisti impietatem peccati mei.

Salmo 32:5

El velo

Me difumino en niebla esta tarde.
Alcanzando la unidad de la piel,
tu pulso fluye con el mío.

Nos ocultamos tras velos de párpados,
para incitar la avidez táctil de los ojos.

Sonreímos un diminuto orgasmo,
mezclando sangre y saliva.

Acercamos los labios una última vez,
presintiendo el fin de la fugacidad feliz:

cae el velo y te veo a los ojos
y entiendo que el cuerpo
es solo un puente hacia la luz
que llevas dentro.

Il velo

Mi dissolvo come la nebbia quest'oggi.
Raggiungendo l'unità della pelle,
il tuo battito fluisce con il mio.

Ci occultiamo dietro a veli di palpebre,
per dare inizio all'avidità tattile degli occhi.

Sorridiamo un minuto orgasmo,
mescolando sangue e saliva.

Avviciniamo le labbra un'ultima volta,
presagendo la fine di una felicità fugace:

cade il velo e ti guardo negli occhi
e comprendo che il corpo
è solo un ponte verso la luce
che porti dentro.

Narcil

Una cama como los campos del *Dagorlad*.
Una pelea eterna de vencedores vencidos.
Dos náufragos que se abrazan en lugar de nadar.

Cae un anillo al suelo y acaba la guerra.
Me ato así a la tierra,
el peso de una armadura ya sin vida.
Y tú te llevas el fruto de mis manos.

Soy una espada que,
rota en el suelo,
ha cumplido su tarea

Que canten los bardos sus gestas.
Ahí me quedo:
r
o
t
a.

Narcil

Un letto come i campi del *Dagorlad*.
Una lotta eterna di vincitori vinti.
Due naufraghi che si abbracciano invece che nuotare.

Cade un anello al suolo e la guerra finisce.
Mi incateno così alla terra,
il peso di un'armatura senza vita.
E tu che cogli il frutto dalle mie mani.

Sono una spada che,
rotta in terra,
ha compiuto il suo destino.

Che cantino i bardi le sue gesta.
Così permango:
r
o
t
t
a.

Como el *Mithril*

Dibujo una galaxia efímera:
tu espalda orientada hacia a la sombra,
tallada por mis manos ávidas.

Golpeo el *Mithril*, duro y maleable,
como *Celebrimbor* en su fragua
forjo un anillo que una nuestros destinos.

Pero un poder embridado no subyuga
y mientras lo pienso advierto
que fluye incauto tu placer:
las raíces mojadas dejan brotar el silencio.

Mañana te irás hacia al norte,
y yo no puedo pedirte más tiempo
(una o dos eras más).

Deformamos el instante,
brindamos por una noche en distintas dimensiones.

No obstante, repito el guion de siempre,
como un religioso con la Cábala.

Reviso la habitación, en busca de un signo
que testimonie tu pasaje, para aniquilarlo.

Me alejo, cobarde, de tu olor.

Come il *Mithril*

Disegno una galassia effimera:
la tua spalla rivolta verso l'ombra,
scolpita dalle mie mani avide.

Colpisco il *Mithril*, duro e malleabile,
e come *Celebrimbor* nella sua fucina
forgio un anello che unisca i nostri destini.

Ma un potere imbrigliato non soggioga
e mentre lo penso, avverto
che scorre incauto il tuo piacere:
radici bagnate lasciano germogliare il silenzio.

Domani te ne andrai verso nord,
ed io non posso chiederti più tempo
(una o due ere in più).

Deformiamo l'istante,
brindiamo per una notte in dimensioni distinte.

Ma nonostante tutto, recito il copione di sempre,
come un religioso con la Cabala.

Controllo la stanza, in cerca di un segno
che testimoni il tuo passaggio, così da annientarlo.

Rifuggo, codardo, dal tuo profumo.

Soy ese viajero que se aventura en un paisaje inesperado
y al volver a casa, ya se siente un intruso.

Ignoro este latido por ahora.
Después, mañana, te echaré de menos.

Sono quel viaggiatore che si avventura
in un paesaggio inaspettato
e al tornare a casa, già si sente un intruso.

Ignoro questo impulso per ora.
Più tardi, domani, avvertirò inerme la tua mancanza.

Melkor

Me laten las mentiras en la lengua,
como un coro inmortal
que rompe su armonía
por el exceso de un único cantor
incapaz de retener sus impulsos.

Otra vez simulo ser un fruto manchado de luz,
maduro y listo para la cosecha.

Pero la imagen no cabe en el verso,
como los engaños de *Angbad*
que salpican de sangre un lienzo impoluto.

Soy un libro inédito que aún llora sus fallos:
alcanzaré un día la unidad, pero aún queda camino.

Me encierro en una mochila
y me pierdo por la lírica de tu cuello.
Muerdo en exceso una manzana robada,
escucho el cántico de tu placer.

Y como *Melkor* me complace el caos
que pude desatarte dentro.

Soplo fuego y tú arrebatas mi celo.

Somos papel cebolla que cruje
tenazmente en las sábanas.

Melkor

Palpitano le menzogne sulla lingua,
come un coro immortale
che rompe la sua armonia
per l'eccesso di un unico cantore
incapace di trattenere i suoi impulsi.

Un'altra volta fingo d'essere un frutto macchiato di luce,
maturo e pronto per il raccolto.

Ma l'immagine non trova spazio nel verso,
come gli inganni di *Angbad*
che sporcano di sangue una tela immacolata.

Sono un libro inedito che ancora piange i suoi difetti:
un giorno raggiungerò un'unità, ma ho bisogno di tempo.

Mi rinchiudo in uno zaino
e mi perdo nella lirica del tuo collo.
Mordo con eccesso una mela rubata,
ascolto il cantico del tuo piacere.

E come *Melkor* mi compiaccio del caos
che ho potuto scatenarti dentro.

Soffio fuoco e tu rompi il mio ardore.

Siamo carta velina che geme
tenacemente fra le coperte.

Resistir

Resistir, como un avión frente al viento del norte.

Mantenernos en equilibrio
frente a la marea que inunda (solo hace su trabajo),
a pesar de las manos que cortan la carne
penetrando espacios vacíos,
hasta llegar al puerto,
midiendo el trayecto entre el perineo y el corazón,
para saber dónde mueren el tiempo y la distancia.

Hago lo que una gaviota
que busca comida en el mar de invierno:
resistir.

Resistere

Resistere, come un aereo contro il vento del nord.

Mantenerci in equilibrio
di fronte alla marea che ci inonda (solo fa il suo dovere),
nonostante le mani che tagliano le carni
penetrando spazi vuoti,
fino ad arrivare al porto,
misurando il cammino fra il perineo e il cuore,
per sapere dove muoiono il tempo e la distanza:

solamente compio ciò che fa un gabbiano
mentre cerca del cibo nel mare in inverno:
resistere.

Fecunda

Se moja la tierra en tu pecho.
Como la de los bosques del oeste,
se nutre del contraste
entre el gris y el naranja,
tormenta y atardecer;
nunca queda el sol a descubierto.

Tus labios se animan de noche,
buscan un perfil concreto,
un hombre enloquecido
por el toque pagano de tu lengua.

Siembras semilla, rebuscas la cosecha que,
fecunda, has plantado en mi pupila.

No me atrevo a abrir las ventanas,
sé que al acercarse el día,
desaparecerás en una nube de humo,
de flores marchitas.

Has encontrado el vínculo,
el punto de luz entre el dolor y el placer.

Sabio en describir el gozo
con un gesto que lo derrumba todo.

Encadenado, dejo que el aliento se apague
y planto nuevas flores en mi espalda.

Feconda

S'asperge la terra sul tuo petto.
Come quella dei boschi dell'ovest,
si nutre del contrasto
fra il grigio e l'arancio,
tormenta e tramonto;
che non lascia mai il sole scoperto.

Le tue labbra si animano di notte,
cercano un profilo concreto,
un uomo reso folle
dal tocco pagano della tua lingua.

Pianti il seme, rovisti il raccolto che,
fecondo, hai coltivato nelle mie pupille.

Non oso aprire la finestra,
so che al giungere del giorno,
scomparirai come una nube di fumo,
di fiori appassiti.

Hai scoperto il vincolo,
un punto di luce fra dolore e delizia.

Saggio nel delineare il piacere
attraverso un gesto che lo demolisce in un sol colpo.

Incatenato, lascio che il fiato si spenga
e semino nuovi fiori sulla mia spalla.

Se acerca la belleza:
un instante
antes del grito.

S'avvicina la bellezza:
un instante
prima del grido.

La fe del lobo

Me hablaste del magnetismo de la luna,
del roble y de su fuerza,
de la soledad del lobo
que persigue el paso firme de los gigantes,
enclaustrado en el hielo de los picos inviolables.

¿No sabes que los lobos
también se dan ternura,
escondidos en sus cuevas?

Se lamen las heridas el uno al otro,
para volver a cazar cuando la aurora.

Así te amaba yo:
mordiendo con feroz alivio el cuello,
sin pretensión de cepo ni de cuerda.

Un río silencioso fluía por debajo de mi piel,
para saciar la sed interminable de tus prisas.

Me rendía así al acertijo de mi pecho,
ya sutilmente blanqueado de años,
y me sometía a la verdad de tus piernas.

Así me imaginaba los veranos.

Pero un día la caza nos llevó por laderas diferentes.
Y todavía huyo esperando tu vuelta.
No presumas de la fidelidad del lobo,

La fede del lobo

Mi hai parlato del magnetismo della luna,
della quercia e della sua forza,
della solitudine del lupo
che segue il passo fermo dei giganti,
rinchiuso nel gelo di picchi inviolabili.

Non sai che anche i lupi
si offrono tenerezza,
nascosti nelle grotte?

Si leccano le ferite gli uni agli altri,
per tornare a cacciare con l'aurora.

Così io t'amavo:
mordendo con feroce sollievo il collo,
senza pretesa di gogna né guinzaglio.

Un fiume silenzioso scorreva sotto la mia pelle,
per saziare la sete interminabile della tua fretta.

Mi arrendevo così all'enigma del mio petto,
già sottilmente imbiancato dagli anni,
e mi sommettevo alla verità delle tue gambe.

Così m'immaginavo le estati.

Ma un giorno la caccia ci portò per pendii differenti.
Ed ancora fuggo attendendo il tuo ritorno.
Non dar mai per scontata la fedeltà del lupo,

que descubre el amor secreto
bajo el manto de la tormenta.

Los lobos saben esperar,
a pesar de que nunca duerman solos.

Vigilan.

Saben que las cuevas no tienen puertas.

che scopre l'amor segreto
sotto il manto della tormenta.

I lupi sanno attendere,
nonostante non dormano mai soli.

Vigilano.

Sanno che le caverne non hanno porte.

Hoguera

A una persona la reconoces por los relieves,
como a las figuras de un frontispicio:
el aire que ansía desatar el nudo del aliento
y las manos que modelan la piel según su antojo,
la creta que imita la vida.

Dedos atentos a los detalles (todos)
se difuminan en su agonía:
sostienen la voluntad embriagada
y la amalgaman a los músculos.

Cometí el error de identificarte con tu cuerpo,
sexualizar tu mirada:
el orgullo nacional de un paño verde
que se agita a medio mástil
por una revolución que arranca con fatiga.

Soñaría con la tierra y el mar
que pintan el atardecer de pasmo,
o con tu súbito toque de artista.

La hoguera que traigo
busca su alimento cotidiano,
anhela la fatiga de tus ganas,
y el invicto azar de tus labios.

Solo por esta noche,
dejaré que me dibujes versos por la espalda
y que las palabras se resignen
a ceder su lugar a la vida.

Falò

Una persona la riconosci dai rilievi,
come le figure di un frontespizio:
l'aria che smania per sciogliere il nodo del respiro
e le mani che modellano la pelle a suo piacimento,
la creta che imita la vita.

Dita attente ai dettagli (tutti)
sfumano nella propria agonia:
sostengono la volontà ubriacata
e la amalgamano ai muscoli.

Ho commesso l'errore di indentificarti col tuo corpo,
sessualizzare il tuo sguardo:
l'orgoglio nazionale di un tessuto verde
che si agita a mezz'asta,
una rivoluzione che inizia con fatica.

Sognerei con la terra e il mare
che dipingono il tramonto di stupore,
o col tuo lesto tocco d'artista.

Il falò che porto dentro
cerca il suo pane quotidiano,
anela la fatica del tuo desio,
e l'invitto azzardo delle tue labbra.

Solo per questa notte,
lascerò disegnarmi dei versi sulla spalla
e che le parole si rassegnino
a cedere il passo alla vita.

Vino

Noches de venganza desganada,
en las que ignoras mis súplicas
y niegas cada gota de amor que te pido.

No hay culpa en nuestras tierras.
Se separaron hace tiempo,
rompiendo sus bordes
(esto es mi cuerpo)
y alejándose de la Pangea.

De pronto, te aferras a mí,
como al vino que me tiene en sus manos.

Y bebes
(esto es mi sangre).

He aquí la revolución.
Hemos ganado a Gea.
(Otra vez) somos uno.

Tomen y coman todos.
Tomen y beban todos.

Vino

Notti di vendetta apatica
quelle ove ignori ogni supplica
e mi neghi sin anche una singola goccia d'amore.

Non c'è colpa nelle nostre terre.
Si separarono già da tempo,
rompendo i confini
(Questo è il mio corpo)
e allontanandosi dalla Pangea.

All'improvviso, ti afferri a me,
come un calice di vino che mi tiene fra le sue
mani.

E bevi.
(Questo è il mio sangue).

E qui scoppia la rivoluzione.
Abbiamo sconfitto Gea.
(Un'altra volta) siamo un tutt'uno.

Prendete e mangiatene tutti.
Prendete e bevetene tutti.

CaliX

Sal y viento,
sal y viento en la piel.

Alas mojadas,
un beso imaginado de noche.

Me conviertes las entrañas en tempestad.

Te arraigas dentro
y mi cáliz rebosa.

CaliX

Sale e vento,
sale e vento sulla pelle.

Ali bagnate,
un bacio immaginato nella notte.

Mi converti le viscere in tempesta.

Ti radichi dentro
e il mio calice trabocca.

II
PIE / PIEDE

Surgit a cena et ponit vestimenta sua et,
cum accepisset linteum, praecinxit se.

Juan 13:4-5

Espacio vacío

Atardece en la Gran Vía
y despegan los altos fuegos de las pléyades
sobre carros celestes que dibujan caminos invisibles.

Sueño contigo y el verano despierta en mis entrañas,
ahogado de lejanías entre rosales quemados.
Irrumpes como el relámpago en la madera del árbol,
y me renaces con lluvia fecunda
te apropias del espacio que se esconde entre mis grietas.

Perdida está la tormenta,
y la tierra regaña desiertos.

Spazio vuoto

Tramonta il sole nella Gran Via
e s'alzano gli alti fuochi delle Pleiadi
su carri celesti che disegnano sentieri invisibili.

Sogno di te e l'estate si risveglia nelle mie viscere,
soffocata dalla lontananza, tra roseti bruciati.
Irrompi come il fulmine nel tronco dell'albero,
e mi fai rinascere come pioggia feconda
ti appropri dello spazio che si nasconde tra le mie incrinature.

Persa è la tormenta,
e la terra rimprovera deserti.

Como una lápida abandonada

Abrazo tu espalda, la línea curva del horizonte,
empuño tus manos con amorosa firmeza de leona,
soy tenaza que no necesita estrangular el clavo.

Desde el futuro, un relámpago abre puertas a otros mundos:
soplo sobre tus alas y me acerco a unos ojos color púrpura.

Quebranto mi miedo al entregarme,
como una lápida abandonada que,
devorada por la hierba, se vuelve otra vez roca.

Y comprendo que también el llanto es,
como la tormenta,
refresco para la tierra fecunda.

Come una lapide abbandonata

Abbraccio le tue spalle, la linea curva dell'orizzonte,
impugno le tue mani con l'amorosa fermezza della leonessa,
sono una tenaglia che non ha bisogno di strangolare il chiodo.

Dal futuro, un fulmine apre cancelli d'altri mondi:
soffio sopra le tue ali e mi avvicino a degli occhi color porpora.

Rompo la mia paura nel donarmi,
come una lapide abbandonata che,
divorata dall'erba, ritorna nuovamente roccia.

E comprendo che il pianto,
come la tormenta,
è il giusto ristoro per la terra feconda.

La piel

La piel nos traiciona,
bisbisea caminos aún no recorridos
que se vuelven familiares para mis manos
sobrevolando tu espalda como luciérnagas diurnas.

Una flor de luz
renace en el centro de los pueblos,
enmarcada en un tiempo demasiado inmaduro
para albergar tanta poesía.

La pelle

La pelle ci tradisce,
bisbiglia cammini ancora vergini
che diventano familiari al tocco fragile delle mie mani
sorvolando le tue spalle come lucciole diurne.

Un fiore di luce
rinasce al centro del villaggio,
coronato d'un tempo troppo immaturo
per ospitare tanta poesia.

Calavera

Me acerco a tu oreja para dibujar versos antiguos.

Amanecemos juntos,
cada uno en una esquina diferente.

Me levanto invicto y me siento al escritorio.

Ya no sé qué pensar de tu cuerpo,
que responde a mi ausencia volviendo a dormir.

Abro un libro de salmos
y disimulo la soledad de la vejez,
titubeo con las manos sobre una calavera.

Nací en el siglo equivocado:
yo reflexiono sobre el ayer
y tú ya sueñas el mañana.

Teschio

Mi avvicino al tuo orecchio per disegnare antichi versi.

Albeggiamo insieme,
ma ognuno su di un lato differente.

Mi alzo invitto e mi siedo allo scrittorio.

Già non so che pensare del tuo corpo,
che risponde alla mia assenza tornando a dormire.

Apro il libro dei salmi
e dissimulo la solitudine della vecchiaia,
esito con le mie mani sopra un teschio.

Sono nato nel secolo sbagliato:
io rifletto su cos'è stato ieri
e tu già sogni con il domani.

Beso

El beso de Judas y después la noche.

Cantará el gallo sobre nuestras ruinas,
pero mi periplo nunca más habitará el mismo hogar.

Te fuiste, dejando la puerta abierta,
la piedra del sepulcro rota.

Tres días de ausencia
antes de la resurrección.

Bacio

Il bacio di Giuda e poi la notte.

Canterà un gallo sulle nostre rovine,
ma il mio periplo mai più abiterà la stessa casa.

Te ne sei andato, lasciando la porta spalancata,
la pietra del sepolcro rotta.

Tre giorni d'assenza
prima della resurrezione.

Solo una copa

Fluye tu boca en la mía,
cual copa de sidra helada.

Veo sin ver el entorno difuminado
como un bar vacío
del que nos dejaron las llaves
que usamos para abrir puertas y ventanas
y dejar salir la misma música
que bailaron nuestros dedos;
incesante búsqueda en la trinchera
que me revienta el oído.

Suena una flauta improvisada,
celebra el fin de nuestro disenso.

No cuento los días,
no cuento las noches.
Diluvia en secreto.

El mundo afuera llora
y nosotros no sabríamos alcanzar la aurora
sin jugar al sutil egoísmo
que acomodamos en esta habitación.

Y la melodía no se rompe,
a pesar del acento que se interpone
en el versificar de un consuelo nocturno,

como un pájaro que huye de la tormenta
y en ti encuentra su nido.

Solo una coppa

Fluisce la tua bocca nella mia,
come una coppa di sidro gelata.

Vedo senza vedere i dintorni sfuocati
come un bar vuoto
del quale ci hanno affidato le chiavi
che usiamo per aprir porte e finestre,
e lasciare uscire la stessa musica
che ballano le nostre dita;
incessante ricerca nella trincea
che mi esplode l'udito.

Risuona un flauto improvvisato,
celebrando la fine del nostro dissenso.

Non conto i giorni
e neppure le notti.
Diluvia in segreto.

Il mondo fuori piange
e noi che non possiamo spingerci fino all'alba
senza giocare al sottile egoismo
che accomodiamo in questa stanza.

La melodia non si rompe,
nonostante l'accento che si interpone
nel versificare la consolazione notturna,

come un uccello che fugge dalla tempesta
e in te incontra il suo rifugio.

amordeamantes

Llega de repente,
es la briza que acaricia la piel
para dejarla calcinada.

Escondes ese signo
bajo un manto color tierra mojada.

Te cuentas libre,
para poner distancia.

Pero no cabe la duda en tu mochila,
solo unos cuadros que cruzarán andenes por
Atocha;
celebrarán el verano que empieza.

No pidas a la piel que te mienta:
Él ha salido del rebaño,
(sobresaliente)
pintando lo que más querrías
por fuera de los bordes del dibujo.

Si lo piensas, te lo negarás.
Hasta que él tome otro avión hacia Barajas.

amordiamanti

Arriva all'improvviso,
è la brezza che accarezza la pelle
per lasciarla calcinata.

Nascondi questo segno
sotto un manto color terra umida.

Ti dipingi liberə,
per porre distanza.

Ma i dubbi non entrano nel tuo zaino,
c'è spazio solamente per dei quadri
che viaggiano fra i binari di Atocha;
celebreranno l'estate che incomincia.

Non chiedere alla pelle che ti menta:
lui è al di fuori del gregge,
(straordinario)
ha colorato ciò che più desideravi
fuori dai bordi prestabiliti nel disegno.

Se lo pensi, lo rinnegherai.
Fino a quando lui non prenda un altro aereo
per Barajas.

Un beso en la mejilla

No me atrevo a decir lo que deseo,
cansado de pedirle tierra al cielo:
treparme a la pared por tus canas,
fuego de amor, que aterriza en el silencio.

Un bacio sulla guancia

Non mi permetto di proferire ciò che anelo,
stanco di supplicare la terra al cielo:
inerpicarmi sulle pareti per colpa del grigio dei tuoi capelli,
fuoco d'amor, che approda nel silenzio.

Una gota

Una gota que cae lenta,
siembra la mañana en tu rostro,
a pesar de la noche y la tormenta.

No importan las mentiras.
Solo nos queda el tiempo
que tarda una gota en caer.

Tiemblo frente a unos ojos
verdes como este norte absurdo.

Mi mano se acerca con la excusa de quitarte
la molestia del peso específico del agua.
Pero solo es pura envidia.

Ella puede comerte la piel.
Ella pudo,
casualmente,
besar tu frente y tu mejilla.

Anhelo la suerte de una gota
y disfrutar de esta eterna caída.

Una goccia

Una goccia che cade lenta
e semina il mattino sul tuo volto,
nonostante la notte e la tormenta.

Non darò importanza alle menzogne.
Ci rimane solamente il tempo
che impiega una goccia a cadere.

Tremo di fronte a degli occhi
verdi come questo nord surrealista.

Avvicino la mano con la scusa di liberarti
dal peso specifico dell'acqua che la compone.
Ma è solo pura invidia.

Lei può ridisegnarti la pelle.
Lei ha potuto,
casualmente,
baciarti la fronte e la guancia.

Anelo la sorte di quella goccia
e la delizia che prova in questa sua eterna caduta.

Exposición individual

I

No cabe el horizonte en mis bolsillos,
el mundo es un campo de fútbol donde desfilan
las caras que se liberan de sus cuerpos transparentes.

Yo me siento minúsculo frente a este altar,
soy la sombra de mi propia defensa,
un muro que ha derribado la resiliencia.

II

Te miro de cerca,
mi cabeza cabe perfectamente en tu pupila,
es el molde que intentó imitar al universo,
y solo pudo esconderse en tus caderas.

Como Medusa, me petrificas el intento,
justo cuando estoy por dar el paso.

III

Soy el mar que llevo encerrado en una jaula,
y sus olas, mis alas,
adivinan el rostro que escondes bajo la piel de tu pecho,
un tapiz que late lentamente cuando me acerco,
piel morada que trasplanta los Andes
hasta este rincón solitario de Arganzuela.

Esposizione individuale

I

Non mi entra l'orizzonte nelle tasche,
il mondo è un campo da calcio dove sfilano dei volti
che si liberano dai loro corpi trasparenti.

Sono un punto di fronte a questo altare,
l'ombra della mia propria difesa,
un muro che ha abbattuto la resilienza.

II

Ti guardo da vicino,
la mia testa entra perfettamente nella tua pupilla,
è lo stampo che ha provato ad imitare l'universo,
e che ha potuto solamente nascondersi nei tuoi lombi.

Come Medusa, mi pietrifichi l'intento,
proprio quando sto per azzardare il passo.

III

Sono il mare che porto rinchiuso in una gabbia,
con le sue onde, le mie ali,
intuiscono il volto che nascondi sotto la pelle del petto,
un arazzo che pulsa lentamente quando m'avvicino,
pelle morata che trapianta le Ande
sino a questo angolo solitario di Arganzuela.

IV

El interminable juego de las personas que se incluyen,
(la una en la otra)
hasta no entender dónde empieza el cuerpo mutuo
y acaba el propio.

Esta loca danza que requiere más talento que ingenio,
como un arquitecto con una flor en lugar de la cabeza,
que construye, ciego,
el edificio más alto que se pueda imaginar.

V

Desperté ansioso, submarino incapaz de nadar
pero que ya intuye la superficie,
y te miré al ombligo, y más allá:
la torre de astronomía
de un mago sin más dudas que enfrentar.

Me rendí al deseo de quedarme colgado
de la lluvia:
una prenda que ha perdido la noción del tiempo
y se moja otra vez,
añadiendo agua al papel.

VI

Ahogo la mirada en la acuarela monocromática
que cambia y se mezcla al lento compás de tus suspiros.

IV

L'interminabile gioco delle persone che si includono,
(l'una nell'altra)
fino a non comprendere dove comincia il corpo mutuo
e termina il proprio.

Quella folle danza che richiede più talento che ingegno,
come un architetto con un fiore al posto della testa,
che costruisce, cieco,
l'edificio più alto che possa immaginare.

V

Mi ridesto ansioso, un sottomarino incapace di nuotare
ma che già intuisce la superficie.
Ti ho scrutato l'ombelico, e anche più in là:
la torre di astronomia
di un mago senza più dubbi da affrontare.

Mi sono arreso al desiderio
di rimanere appeso alla pioggia:
un abito che ha perso la nozione del tempo
e si bagna un'altra volta,
aggiungendo acqua alla carta.

VI

Affogo lo sguardo nell'acquarella monocromatica
che cambia e si mescola al lento ritmo dei tuoi sospiri.

Respiras sereno, después de esta clase de pintura,
y yo me quedo informe a tu lado:
soy un pájaro que ha caído del nido,
pero duermes. No te enterarás.

El tiempo del vuelo ya pasó.

Respiri sereno, dopo questa lezione di pittura,
ed io permango informe accanto a te:
sono un uccello caduto dal suo nido,
ma tu dormi. Non te ne accorgerai.

Il tempo del volo è già passato.

Roma

Me impido el verso cuando quiero,
soy el cuervo que no deja germinar el trigo.

Salpica la lluvia entre hojas muertas
y una estatua acéfala
me mira desde su altura.

Qué no daría por acercarme otra vez a su pecho,
brindar su beso con mi cáliz,
dejarme exprimir los miedos por sus brazos.

Esta noche lo buscaría por los campos,
y me dejaría mojar mi tierra
por la lluvia de su hechizo.

Sigo aún este canto,
el mismo que llevó a Odiseo
a atarse a una nave de sordos.

Roma

Mi impedisco il verso quando voglio,
sono il corvo che non lascia germinare il grano.

Cade la pioggia fra le foglie morte
ed una statua acefala
mi osserva dalla sua altezza.

Cosa non darei per avvicinarmi un'altra volta al
suo petto,
brindare a un bacio col mio calice,
lasciarmi comprimere le paure dalle sue braccia.

Questa notte lo cercherei per i campi,
e lascerei bagnarmi la terra
dal diluvio del suo incantesimo.

Seguo ancor questo canto,
lo stesso che portò Odisseo
a farsi legare ad una nave di sordi.

III

COPA / COPPA

Pater si vis transfer calicem istum a me verumtamen non mea voluntas sed tua fiat.

Lucas 22:42-43

Mentiras

Acerco el pincel a mi boca, lo mojo y empiezo a pintar.
Soy un héroe, un viajero, un poeta,
disfrazo los labios de ternura
y tú (que me desvelas las mentiras
como un refrán ya escuchado,
pero incapaz de callarte la vida), me besas
y entiendo que el color se ha difuminado.

Se va el amarillo,
dejando lugar en el lienzo
para el azul.

Menzogne

Avvicino il pennello alla bocca,
lo bagno e incomincio a dipingere.

Sono un eroe, un viaggiatore, un poeta,
maschero le labbra di tenerezza
e tu (che mi cogli le menzogne
come fossero un proverbio già ascoltato,
ma incapace di zittirti la vita), mi baci
e capisco che il colore ha cominciato a sfumare.

Svanisce lentamente il giallo,
lasciando spazio nella tela
all’azzurro.

Santa María Magdalena

La noche me confunde,
alas de plomo que parecen angélicas
y esconden la membrana del murciélago
bajo unas plumas de papel.

Te veo a mi lado y despierto el placer con un mordisco.

Abro la caja de Pandora,
como una nueva María Magdalena
dibujada en un universo de rosas negras
que se marchitan en la tela
desde hace casi cuatro siglos.

Alzo el pincel
y delineo el alfa en tus manos:
todavía no amanece en esta casa,
aunque sean ya las tres y media de la tarde.

Santa Maria Maddalena

La notte mi confonde,
ali di piombo che paiono angeliche
e nascondono la membrana del pipistrello
nascosta da piume di carta.

Ti vedo al mio fianco e risveglio il piacere con un morso.

Apro il vaso di Pandora,
come una nuova Maria Maddalena
disegnata in un universo di rose nere
che appassiscono nella tela
da quasi quattro secoli.

Alzo il pennello
e delineo l'alfa sulle tue mani:
ancora non è sorto il sole in questa casa,
nonostante siano già le tre di pomeriggio.

Paisaje de invierno

La nieve alcanzó ya el sendero que,
ansioso, me lleva hasta tu cuello.
La toco sin congelarme los dedos
y me atrevo a conquistar la cima del monte.

Un beso alejado del pueblo,
de sus ruinas y lápidas.

Anhelo la montaña,
a pesar de haberme dado por vencido.
Los ojos hablan más claro cuando arrecia la
tormenta.

La soledad alimenta el hambre,
más aún si las pieles descansan juntas.

Aquí,
en este lúgubre invierno.

Paesaggio d'inverno

La neve ha raggiunto il sentiero che,
ansioso, mi porta al tuo collo.
La tocco senza gelarmi le dita
ed oso spingermi alla conquista della cima del monte.

Un bacio lontano dal paese,
dalle sue rovine e lapidi.

Anelo la montagna,
benché già mi sia dato per vinto.
Gli occhi parlano più chiaramente quando infuria la
tormenta.

La solitudine alimenta la fame
soprattutto quando la mia pelle riposa accanto alla tua.

Qui,
in questo lugubre inverno.

Una sinagoga

Abro la calle con mis pasos,
los únicos que no escuchan la espera en que te dejo.
Asumo, cerca de mis manos, un pecho que ansía tu pintura,
y acorta su vida con cada bostezo que se concede.

Te acaricio en la noche, saboreo todavía tus labios de cacao.

Me alejas el tacto y la mirada y me doy la vuelta.
Como la cara oscura de la luna,
reniego de la luz que no me ofrece su calor.

Eres como esta blanca sinagoga:
silencio de un espacio vacío
que brota tras siglos de soledad.

Reflejo de un tiempo que no fue.

Una sinagoga

Apro la strada con i miei passi,
gli unici che ignorano l'attesa ove ti lascio.
Assumo, vicino alle mie mani, un petto che anela la tua pittura,
e accorcia la sua vita per ogni sbadiglio che si concede.

Ti accarezzo nella notte, assaporo ancora le tue labbra di cacao.

Mi allontani il tatto e lo sguardo ed io mi giro dall'altro lato.
Come il lato oscuro della luna,
rinnego una luce che non mi offre il suo calore.

Sei come questa bianca sinagoga:
silenzio di uno spazio vuoto
che germoglia dopo secoli di solitudine.

Il riflesso di un tempo che non è mai stato.

Quería ser

Quería ser
como el fluir del río
y dejarlo todo atrás por la promesa del mar.

Quería ser
el imperceptible hallazgo del agua,
que se retroalimenta de la lluvia
y no deja de crecer,
despreciando la sequía.

Quería ser
el Liffey, amor,
la linfa que nutre las almas
de esta ciudad bendita.

Así cruzaría las represas
y mojaría todos los puentes,
poco a poco,
incrementando la humedad de nuestros cimientos
sin derrumbar ninguno de los dos,

que somos gotas imprevisibles,
que se deslizan hacia arriba en la ventana,
hasta fundirnos con el marco
y llovernos de nuevo.

Hoy te creí mar mientras te tocaba,
y fui espuma por un momento.

Vorrei essere

Vorrei essere
come il fluire del fiume
e lasciarmi tutto alle spalle per la promessa del mare.

Vorrei essere
l'impercettibile scoperta dell'acqua
che si retroalimenta della pioggia
e non smette di crescere
disprezzando così la secca.

Vorrei essere
il Liffey, amore,
la linfa che nutre le anime
di questa città benedetta.

Così supererei le dighe
e bagnerei tutti i ponti,
poco alla volta,
accrescendo l'umidità delle nostre fondamenta
senza distruggere nessuno dei due,

che siamo gocce imprevedibili,
che scivolano verso l'alto sulla finestra,
fino a fonderci con la sua cornice
e pioverci dentro, nuovamente.

Oggi ti credevo il mare mentre ti toccavo,
e divenivo spuma per un momento.

Entre tanto, el río nos miraba
sin parpadear
y seguía su camino.

No oigo nada desde que estoy a tu lado.
Ya ha parado de llover.

Nel frattempo, il fiume ci guardava
senza battere ciglio
e proseguiva il suo cammino.

Non odo più nulla da quando sono con te.
Ha già smesso di piovere.

Volar

Volar entre las ruinas,
sustituir los muros, dar la espalda,
ofrecerse sobre un altar celta o azteca.

Alzo el puñal y cumplo el sacrificio.
Y tú te caes dormido.
Exánime.
Pero no habrá sangre en este día de fiesta,
solo las ganas de llegar más lejos,
removiendo la brisa para que entre.

Los dos, atados a doble hilo,
nos volvimos huracán;
baja y alta presión
que caen abrazadas
en un lecho de espinas.

Volare

Volare fra le rovine,
sostituire i muri, darci le spalle,
offrirsi su un altare celtico o azteca.

Alzo il pugnale e compio il sacrificio.
E tu cedi al sonno.
Esanime.
Ma non verseremo del sangue in questo giorno di festa,
solo celebreremo la voglia di arrivare più lontano,
cancellando la brezza per fare in modo che possa
rientrare.

Noi due, legati a doppio filo,
siam diventati uragano;
bassa ed alta pressione
che cadono abbracciate
in un letto di spine.

Tierra

Tierra que enlaza las raíces,
tierra que arraiga la hierba,
tierra olvidada.

Somos (tú y yo)
dos olas de barro después del diluvio,
Pantone 021 U (Naranja) que dibuja una sonrisa.

Nadie la ve,
salvo tú y yo.

Tierra que pinta de negro
nuestras espaldas que navegan,
una encima de la otra,

barcos a la deriva.

Terra

Terra che unisce le radici,
terra che radica l'erba,
terra dimenticata.

Siamo (tu ed io)
due onde di fango dopo il diluvio,
il Pantone 021 U (Arancione) che disegna un
sorriso.

Nessuno lo vede,
salvo tu ed io.

Terra che dipinge di nero
le nostre spalle che navigano,
una sull'altra,

barche alla deriva.

La ciudad en diciembre

La ciudad en diciembre ahuyenta a sus ciudadanos
para llenarse de peregrinos sin mochila,
hombres y mujeres que pasean por las calles
y las creen suyas,
las miran con gula de polilla
que se come los barrios.

Todo por el placer de consumirse consumiendo.

Los entiendo.
Yo soy turista de tus manos,
de tu pecho sin pelo, inmaculado.
De tus ovales mestizos,
que gritan la lejanía del pueblo
y buscan el conocimiento entre las nubes.

Subo el monte de tu impulso.
Subo y precipito tu intimidad en mi sino.

Entre tanto, en el centro,
la gente de fuera sigue comprando nada.

La città a dicembre

La città a dicembre scaccia i suoi abitanti
per riempirsi di pellegrini senza zaino,
uomini e donne che vagano per le strade
credendole di loro proprietà,
le guardano con la bramosia delle falene
che divorano quartieri.

Tutto per il piacere di consumarsi consumando.

Li comprendo.
Io sono un turista delle tue mani,
del tuo petto glabro, immacolato.
Dei tuoi ovali meticci,
che gridano la lontananza del popolo
e cercano la conoscenza fra le nuvole.

Risalgo la montagna del tuo impulso.
Risalgo e precipito la tua intimità nel mio fato.

Nel frattempo, in centro,
la gente là fuori segue comprando il nulla.

Qué queda de la noche

¿Qué queda de la noche?
El respiro impetuoso de la comunión
que la sangre y la carne ansían.
El febril canto, la armonía sin duda o paz
que alcanza el fulgor del relámpago.

Queda el silencio de la ausencia.
La soledad de los pasos por la calle
rumbo a casa después la fiesta.

Queda el sueño, roto por el deseo.
El latido acelerado
de un clavo que sigue en mi pecho
a pesar de que ya debería ascender.
Y la luna, que explota en mil pedazos,
anunciando el fin de los tiempos
en mis pesadillas.

Entra la luz por la ventana
y ya no queda nada de la noche.

El recuerdo.
Ay, mis recuerdos.

Cosa resta della notte

Cosa resta della notte?
Il respiro impetuoso della comunione
che il sangue e la carne bramano.
Il canto febbrile, l'armonia senza dubbio o pace
che raggiunge il fulgore del fulmine.

Resta il silenzio dell'assenza.
La solitudine dei passi sulla strada
di ritorno a casa dopo la festa.

Resta il sonno, rotto dal desiderio.
Il battito accelerato
di un chiodo che segue nel mio petto,
che nonostante tutto non riesce ancora ad ascendere.
E la luna, che esplode in mille pezzi,
annunciando la fine dei tempi
nei miei incubi.

Entra la luce dalla finestra
e già non resta nulla della notte.

Il ricordo.
Ay, il tuo ricordo.

Comedia / Tragedia

Effort atent:

esfuerzo las manos para acercarlas al cielo
(y me engaño, es solo tierra la que piso al besarte),
redefino la distancia de los amantes
(el Atlántico no permite que nazcan
las flores mediterráneas).

No tengo rey.

Nunca me arrodillo si no es por mi intención
de cantar otro placer, sacarlo de contexto.

Derramo un infierno bisbiseado por los padres
que no creen en las uniones paganas,
las que gritan su plegaria de noche,
propiciadas por la mirada de Demetria,
fértil como las mareas.

(Entiéndeme, entiéndeme).

Cual Urano, no puedo salirme de mi órbita,
ni creo en las rutas fijadas por el destino.

No obstante, veo la tragedia que esconden tus ojos,

Un paso, solo un paso,
y ya cae el telón del teatro.

Commedia / Tragedia

Effort atent:

sforzo le mani per avvicinarle al cielo
(e m'inganno, è solo terra quella che calpesto nel baciarti),
ridefinisco la distanza degli amanti
(l'Atlantico non permette che nascano
i fiori del Mediterraneo).

Non ho alcun re.

Non mi inginocchio mai se non per la mia intenzione
di cantare un altro piacere, decontestualizzandolo.

Riverso quell'inferno sussurrato dai genitori
che non credono nelle unioni pagane,
quelle che gridano le loro preghiere nella notte,
propiziate dallo sguardo di Demetra,
fertile come le maree.

(Comprendimi, comprendimi).

Come Urano, non posso uscire dalla mia orbita,
né credo nelle rotte fissate fermamente dal Destino.

Nonostante, vedo la tragedia che nascondono i tuoi occhi.

Un passo, solo un passo,
e già cala il sipario nel teatro.

Estamos ya en nuestra línea final.
(Entiéndeme, entiéndeme
una última vez).

Se apagan las luces, el público se marcha.
«*La commedia è finita*».

Siamo già alla nostra ultima battuta.
(Comprendimi, comprendimi
un'ultima volta).

Si spengono le luci, il pubblico va via.
«La commedia è finita».

EPÍLOGO/ EPILOGO

Hacerme el amor

Escribiría un poema
sobre el amor que nos damos,
lo escribiría trasnochando
en el rozar escondido

(«¡Vergüenza!»)
entre tus piernas.

Pero el rojo me somete a lo que quiero:
el amor y la poesía son la tarea de unx.

Bajo las manos, sobre la piel desnuda
aprendo a darme el amor
que nadie tuvo el valor de atarme.

Somos cuarzos de plata y pan de oro
que cruje y se difumina,
dibujando estrellas fugaces en el papel.

Así se funde el deseo con la carne.

Farmi l'amore

Scriverei una poesia
sull'amore che ci diamo,
la scriverei di notte
nel nascosto sfiorarsi
(«Vergogna!»)
delle tue gambe.

Ma il rosso mi sommette a ciò che voglio:
l'amore e la poesia sono il compito di unə.

Abbasso le mani, sulla pelle nuda
apprendo a darmi l'amore
che nessuno ha avuto il coraggio d'incatenarmi.

Siamo quarzi d'argento e foglia d'oro
che scricchiolano e sfumano,
disegnando stelle cadenti sulla carta.

Così si fonde il desiderio con la carne.

ÍNDICE

II. Pie / Piede

III. Copa / Coppa

Este libro se terminó de editar en Granada
en abril de 2024 por

www.aversopoesia.com
hola@aversopoesia.com